ГОСУДАРСТВЕННЫЙ РУССКИЙ МУЗЕЙ
МУЗЕЙ ЛЮДВИГА В РУССКОМ МУЗЕЕ

ЙОРГ ИММЕНДОРФФ

ВСЕМ ВЕЩАМ СВОЙСТВЕННО МЕНЯТЬСЯ

PALACE EDITIONS

KÖLN

СОДЕРЖАНИЕ

IMMENDORFF
ZEICHNE
DROVE

curver

ВСТУПЛЕНИЕ

Эту выставку, „большую“ в буквальном смысле слова, надо отметить особо.

Она велика по объему: произведения, отобранные Йоргом Иммендорффом для этой экспозиции, открывают нам художника, который посвятил себя решению проблем жизни. Речь идет о принципиальных вопросах – об общественной и политической реальности. Йорг Иммендорфф – уже более чем три десятилетия – считает, что художник должен занимать четкую позицию: его работы – это не эстетические гирлянды, а ясные и определенные комментарии. У Иммендорффа есть свое мнение. Именно боль из-за разделения европейского мира, возмущение забвением прошлого подтолкнули его к мольберту в конце 1970-х годов, когда он создал серию „Кафе Германия“.

Этот цикл принес Иммендорффу международную известность. Он был приглашенным профессором не только в Германии, но и в Академиях художеств Стокгольма и Трондхейма; Национальный музей в Варшаве организовал его большую ретроспективную выставку; его картины демонстрируются по всему миру. Объясняется это тем, что Иммендорфф создает великолепное искусство. И еще: он доказывает, что культура может наводить мосты.

Я с большим удовольствием взял на себя патронаж выставки в „Музее Людвига в Русском музее“ в Мраморном дворце. Петербуржцы смогут первыми в России увидеть эту экспозицию творчества Иммендорффа. Они познакомятся с одним из самых значительных немецких художников нашего времени.

Иммендорфф поставил себе задачу „осветить темные дыры нашей культурной структуры“. Так или иначе, он стимулирует культурный обмен между Россией и Германией. Эта выставка на высочайшем художественном уровне продолжает то, что мы начали в апреле на политической сцене „петербургским диалогом“: ускорять сближение наших стран и наполнять жизнью культурный обмен.

Искусство Иммендорффа демонстрирует русским зрителям часть современной немецкой культуры. Мы будем и дальше продолжать этот путь, реализуя другие важнейшие проекты и представляя публике иные художественные позиции. Так, на 2003 год запланированы совместные выставки „Берлин – Москва после 1945 года“ и „Санкт-Петербург – императорская художественная метрополия“.

Я желаю этой выставке – в Санкт-Петербурге, а затем в ее турне по Германии – большого успеха и многочисленных любознательных и восторженных зрителей.

Герхард Шредер
Бундесканцлер
Федеративная республика Германия

Классик. 1983
Холст, масло. 76 x 80

ВСТУПЛЕНИЕ

Молодым людям, родившимся в 1990-е, после падения Берлинской стены, наверное, трудно понять, что означало в середине 1960-х – 1970-е высказываться прямо, открыто, ярко и ясно в изобразительной или какой-либо другой форме против разделения Германии на две страны. Сегодня, в начале XX века, даже трудно себе представить, что вообще означало тогда быть художником, писателем, человеком с определенными антиофициальными взглядами. Йорг Иммендорфф-такой художник. И как оказалось теперь, в этой оппозиционности он был близок российскому андеграунду 1960–1980-х.

С той лишь разницей, что произведения Иммендорффа свободно экспонировались в отличие от работ русских оппозиционеров, показывавшихся почти тайно, узкому кругу интеллигенции, чаще всего на стенах маленьких клубов или в частных квартирах.

В 1989 рухнула стена. Стерлись идеологические границы в Германии и России. Тем не менее, искусство Йорга Иммендорффа, известное в разных странах мира, российским зрителям знакомо только по репродукциям и одной картине („Стулья“) в коллекции Питера и Ирены Людвиг, подаренной Русскому музею.

На нынешней выставке в Музее Людвига в Русском музее (Мраморный дворец) по сути представлена творческая судьба Йорга Иммендорффа-художника мощной энергии содержания, выходящей на зрителя с каждого его произведения.

Мы выражаем глубокую благодарность всем, кто участвовал в организации выставки, в частности, галерее Михаэля Вернера в Кельне и Нью-Йорке и директору Эрику Кельуш.

Заместитель директора
Русского музея
Е. Н. Петрова

IMMENDORFF
ZEICHNE

VHS
Professor
Jörg Immendorff
im Gespräch
mit

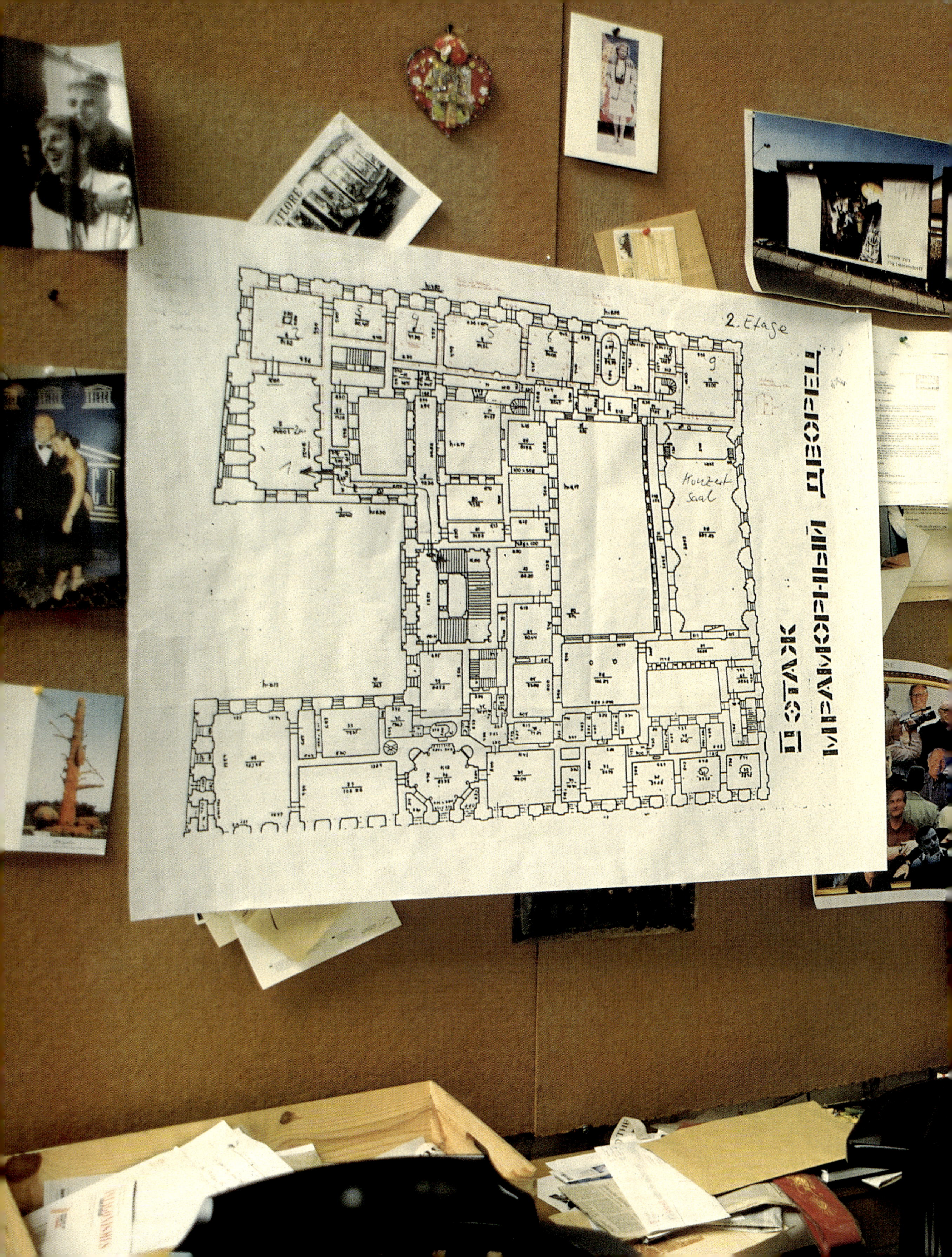
2. Etage
Konzert saal
II ЭТАЖ
МРАМОРНЫЙ ДВОРЕЦ

curver

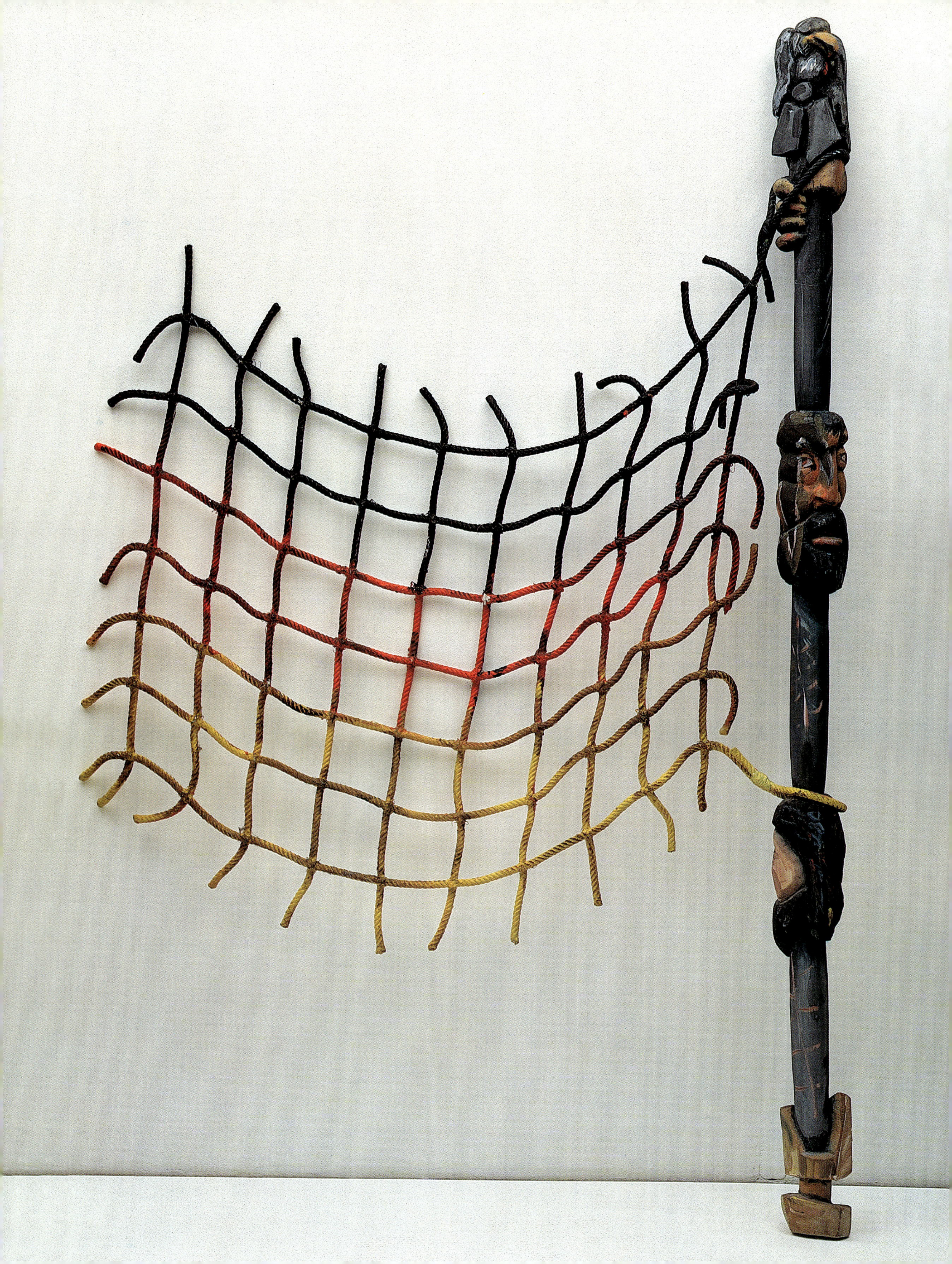

Тайфун Бельгин

Всем вещам свойственно меняться
Об образном мире Йорга Иммендорффа

Живописец, рисовальщик и скульптор Йорг Иммендорфф родился вскоре после конца второй мировой войны, 14 июня 1945 года. Это дата, к которой он как художник и частное лицо – в осознании современной истории – относится совершенно по-особому. Вторая мировая война, длившаяся с 1939 по 1945 год, залила кровью, главным образом, Европу и принесла несчастье в каждый дом. Окончание войны означало, с одной стороны, надежду на появление нового, лучшего мира, а с другой стороны, раскол мира на Восток и Запад. Для Германии это означало следующее: в 1949 году были созданы капиталистически ориентированная Федеративная республика Германии (ФРГ) и социалистическая Германская Демократическая республика (ГДР). Понятие воссоединения в течение более чем 40 лет оставалось политическим лозунгом, которым спекулировали оба государства, каждое на свой манер.

Выставка Йорга Иммендорффа в петербургском Музее Людвига, располагающемся в Мраморном дворце, начинается с произведений 1981 года; здесь экспонируются работы последних двадцати лет. Чтобы получить представление о том, как развивалось искусство Иммендорффа с академического периода 60-х годов до начала 80-х, имеет, вероятно, смысл рассказать об основных этапах этого развития.

Встреча с харизматическим учителем Йозефом Бойсом (1921–1986), который с 1961 года был профессором монументальной скульптуры в Академии искусств в Дюссельдорфе, серьезно повлияла на Йорга Иммендорффа не только в творческом отношении. Бойс стал темой нескольких важных произведений Иммендорффа, таких как „Торговец фруктами" или „Страна Бойса" (ил. 1). Идея трактовки человека как формуемого социумом объекта и мысль о служении искусства обществу в качестве средства познания образует ядро художественной стратегии Бойса. Представление об искусстве как акции и о необходимости проведения перформансов в публичном пространстве можно считать типичным для конца 60-х – 70-х годов, и для Иммендорффа они были тогда единственной возможностью художественного самовыражения. В этой связи знаменательно, что с 1968 по 1980 год Иммендорфф также преподавал искусство в одной из школ и проводил совместные выставки со своим классом.

Одно из самых важных произведений раннего периода создано Иммендорффом в 1966 году. Лапидарно сформулированное название работы было одновременно и еретическим призывом: „Прекратите заниматься живописью". Это картина (ил. 2), на которой крест скрывает лежащий за ним предмет, а авторская надпись повторяет название. Что это должно было значить в начале карьеры художника?

В эпоху акций, внепарламентских политических движений, недовольства господствующим политическим классом этот призыв казался довольно логичным. На что могла претендовать тогдашняя живопись в западном мире? Какую общественную значимость она сумела себе завоевать? После абстракций 50-х годов в академическом городе Дюссельдорфе появилось искусство такого типа, как творчество знаменитой сегодня группы „Зеро", которое тогда решало исключительно эстетические задачи. В дверь стучался поп-арт из США, абстрактный экспрессионизм вошел в состав коллекций немецких музеев. Такому – по мнению Иммендорффа – неангажированному, чисто

Знамя. 1980
Дерево раскрашенное, канат
260 x 200 x 20

1. Страна Бойса. 1965

Холст, масло
125 х 105

2. Прекратите заниматься живописью. 1966

Холст, искусственная смола
135 х 135

эстетическому западному искусству следовало, конечно, объявить войну. Уже тогда Йорг Иммендорфф становится художником, который даже не мог представить себе, что он присоединится к существующему порядку вещей. Искусство для него до сегодняшнего дня ориентировано на познание, оно не должно быть „искусством для искусства", чисто эстетическим созерцанием мира. Иммендорфф всегда занимает четкую позицию.

Таким образом, эта картина „Прекратите заниматься живописью" была призывом прекратить производить конформистскую художественную продукцию и обратиться к новым идеям, более соответствующим духу времени. Художник должен был сам показать пример. С 1968 по 1970 год появились так называемые акции ЛИДЛ. Слово ЛИДЛ не означает ничего и напоминает о ДАДА, известном художественном направлении 20-х годов. В первой ЛИДЛ-акции была совершена атака на парламент в Бонне, тогдашней столице Федеративной республики. Иммендорфф привязал к ноге деревяшку, раскрашенную в черный, красный и золотой цвет, цвета национального флага, и прошел маршем по направлению к парламенту. Колодка была „посланием" и одновременно музыкальным резонатором. Во время марша она производила некий монотонный шум. Иммендорфф был арестован и допрошен, поскольку покусился на достоинство национального флага. В следующей акции перед парламентом Иммендорфф в бумажном домике выдавал себя за министра обороны. В этом случае также были быстро приняты меры.

Деятельность ЛИДЛ расширялась. Появились ЛИДЛ-зал, ЛИДЛ-академия, ЛИДЛ-спорт и так далее. Художественное кредо Иммендорффа было сформулировано им еще за два года до акций ЛИДЛ в серии крупноформатных бэби-картин (ил. 3): „Всем дорогим в мире" – таков был девиз 1966 года. В 1967 году к ним добавилось небольшое, выполненное в стиле старонемецкой крестьянской живописи произведение под названием „Для темных дней в пути" (ил. 4). Фигура, голова которого энергетически заряжена солнцем, твердым шагом идет в мир – это „послание" и для самого художника.

Решение стать художником Йорг Иммендорфф принял очень рано. В Академии искусств в Дюссельдорфе очень важна была не только встреча с Йозефом Бойсом, большую роль сыграло и поступление в класс Тео Отто, всемирно признанного сценографа. Пространство поздних произведений Иммендорффа, как видно и на этой выставке, часто подобно пространству сценической коробки.

К теме искусства, художничества и общества как к образной идее Иммендорфф обратился очень рано. В двух картинах 1973 года (ил. 5), полных неприкрытой иронии, выражением которой стал напоминающий комиксы почерк, – тоже боевое средство тех лет, – мы узнаем следующую историю:

3. Всем дорогим в мире. 1966

Холст, акрил
160 x 130

4. Для темных дней в пути. 1967

Дисперсная краска на пресс - шпане
30 x 21

„Я хотел стать художником. Я мечтал о том, чтобы попасть в газеты, чтобы было устроено много моих выставок, и конечно, я хотел сделать что-нибудь „новое“ в искусстве. Моей путеводной нитью был эгоизм“. И на другой картине: „Я хотел стать художником. Но мои работы были предназначены не для тех, кто, возвращаясь с последней вечеринки и из магазина, воспринимали их как шикарную декорацию.Но я не спрашивал о том, почему! Я видел причину такого отношения не в моих произведениях, чувствовал себя непризнанным и приписывал вину другим. Для чего и кого ты работаешь?“

Романтическая позиция в первой картине во второй уступает место отрезвлению идеала. Искусство в капиталистическом обществе – это всегда товар. Его потребляют, представляют на вечеринках в галереях, оно шикарно, даже если это и несовместимо с его собственными притязаниями. Уже в начале 70-х годов Иммендорфф, вероятно, предвидел стремительное развитие рынка современного искусства и хотел противодействовать ему. В следующей серии картин задается и политический вопрос: „Какую позицию занимаешь ты и твое искусство, коллега?“ (ил. 6). Складывается впечатление, что Иммендорфф переходит в профсоюз и проводит там семинары. Но для него это не так, скорее, художник, как мы узнаем, симпатизирует китайскому пути: „Партии, ориентированные на Россию, мы обвиняли в ревизионизме, то есть в отходе от чистой линии марксизма-ленинизма. Китай, Албания и Северная Корея были тогда маоистскими странами. Мы были верующими. С сегодняшней точки зрения это трудно понять“[1].

Что касается формы, то Вейт Гернер пишет следующее: „...картины этого периода, которые Иммендорфф называет „отчетными докладами“, можно сравнить с окнами РОСТА Владимира Маяковского ок. 1920 года... РОСТА – это аббревиатура названия Русского Телеграфного Агентства, которое изготовляло в революционные годы 1919–1921 крупноформатные просветительские плакаты и выставляло их в витринах бывших магазинов, из-за чего за ними и закрепилось название „окна РОСТА“. С самого начала и после продолжения проекта Главным управлением просветительских учреждений Народного комиссариата просвещения РСФСР до 1922 года Маяковский был главой команды, к которой в свое время принадлежали до 100 художников, писателей и журналистов...“[2]

Картины Иммендорффа тех лет – это „не истории в картинках с текстом, и не иллюстрированные словесные истории, а плакативный синтез слова и зрительного образа. В отличие от ранних картин теперь объектом изображения становятся более комплексные события в нарративной форме изложения“[3].

Для самих маоистов искусство Иммендорффа недостаточно соответствовало партийной линии. „Хорошим примером реакции партии на мою живо-

5. Я хотел стать художником... 1973
Холст, искусственная смола
90 x 80

пись могут быть „Классики" (ил. 7), которых я написал в 1973 году. Картины, к сожалению, куда-то делись. Они экспонировались в 1973 году в Мюнстере на большой выставке, это были Маркс, Энгельс, Ленин, Сталин и Мао Дзе Дун. Потом я подарил эти картины партии. Они хоть и сказали, что да, это замечательно, но все-таки им казалось, что что-то неладно, потому что, хотя головы были написаны „реалистически", но Сталин так смешно косился. Я старался, как мог, но это старание заключалось в стремлении избежать фотореализма, чтобы это не было таким китчем, как китайские образцы... В результате у партийных товарищей появилась зубная боль"[4].

От „Брехтовской серии (Вопросы читающего рабочего)" 1976 года до большой темы „Кафе Германия" (с 1977 года), привлекшей к Иммендорффу всеобщее внимание, художника как бы вела невидимая рука. В 1976 году Иммендорфф познакомился в Восточном Берлине с живописцем А. Р. Пенком, жившим и работавшим в ГДР на положении аутсайдера, и солидаризовался с ним. Были запланированы совместные художественные акции. Тема „Германия", насколько мы можем судить, не была чужой для Иммендорффа. Знакомство с Пенком и встреча с живописью Ренато Гуттузо на Биеннале 1976 года в Венеции привели к тому, что две темы переплелись друг с другом – тема „Германия" и тема „Кафе", инспирированная картиной Гуттузо „Кафе Греко". В первом большом варианте картины „Кафе Германия" 1978 *(с. 37, 78)* года мы также видим сценическое пространство диско-кафе, в котором центральный персонаж – сам художник – протягивает руку через отверстие в берлинской стене. Знак, который, в силу его радикальности, мог тогда сделать, вероятно, только один Иммендорфф.

Этот цикл, запланированный столь широко, следует определить как современную историческую живопись в лучшем смысле слова. Здесь, правда, речь не шла, как в классическом искусстве, о том, чтобы возвысить исторические события, мифологические, религиозные или литературные темы до событий-образцов. Однако картины Иммендорффа из серии „Кафе Германия" соответствуют фундаментальному измерению исторической живописи: они имеют историческую достоверность.

В этом цикле Иммендорфф разрабатывает специфический образный язык, в котором присутствуют как символы Бранденбургские ворота, орел, знамена, а так же персонажи и политики современной истории. Однако тема „Кафе Германия" не была для Иммендорффа чисто немецкой темой. Это был

6. Какую позицию занимаешь ты и твое искусство, коллега?
Холст, акрил. Двухчастная
130 x 210

и оставался мировой вопрос, – как гласит название одной из картин 1981 года, – вплоть до воссоединения Востока и Запада. В повседневности обоих немецких государств появлялись реальные и виртуальные темы, так называемые немецко-немецкие темы. Эти понятия сегодня принадлежат истории. Целое поколение политиков и журналистов посвятило себя тогда бесчеловечному факту разделения страны материализированным символом – стеной. Кто когда-нибудь в своей жизни бывал в Западном и Восточном Берлине тех лет, никогда не сможет забыть этот политический кошмар. Никто не мог избавиться от холодного озноба на немецко-немецкой границе. В Берлине были районы, прежде всего вблизи стены, где приходилось бессильно наблюдать за жестоким всевластием диктаторского государства.

В своих картинах на тему „Кафе Германия“ Иммендорфф всегда занимал визионерскую позицию. В этом – его историческая заслуга! Это просто удивительно: в то время – в конце 70-х – 80-х годах, – когда никто в обществе и политике Германии серьезно не верил в возможность воссоединения двух немецких государств, именно Иммендорфф постоянно обращался к этой теме. „Авангардный Йорг“, – как гласит название одной из картин 1981 *(с. 66)* года, был впереди всех и сквозь года пронес верность своей теме.

К тому же контексту принадлежат и такие картины, как „Шов“ с ледяной звездой, которая представляет тему разделения. Здесь Бранденбугские ворота предостерегающе вшиты в загаженную ледяную звезду. Все картины и скульптуры *(с. 83, 106)*, в которых присутствует название „Шов“, посвящены этой ране, этому шву на теле Германии.

В работе „Класс/Классики“ 1982 *(с. 95)* года мы видим в центре вырастающую откуда-то снизу кисть, которая побуждает ловких живописцев академического класса показывать их произведения господствующим диктаторам и получать одобрение. Сцена разыгрывается на некоем подобии фундаментной стены, которое, в свою очередь, располагается на ледяной глыбе. В таких общественно-политических условиях, напоминающих тот или иной рассказ Солженицына, у человека и впрямь холодеет сердце. Утраченные портреты Иммендорффа начала 70-х годов, созданные им для КПГ, кажется, оживают и в этой картине. Помещенная в середину кисть представляет собой одну из важнейших единиц образного языка Иммендорффа и поэтому встречается в его произведениях очень часто. Живописец – это тот, кто движет мир, созданный его кистью, неважно, фантастический ли это мир или реалистический. Рядом со своим

7. Кулак художника - тоже кулак. 1973

Дисперсная краска на пресс - шпане
Каждая 50 x 40. (8 частей)

главным инструментом стоит сам Иммендорфф, созерцая его и одновременно проверяя сам себя. Критика и самокритика происходят из одного источника.

Без инквизиторов, но тоже на холоде разыгрывается похожая сцена в картине „Класс“ *(с. 94)*, в которой опять действуют студенты живописного класса, на этот раз без приказов сверху. У них, как кажется, есть привилегия самостоятельно выбирать себе занятие, они предоставлены – по крайней мере, временно – самим себе. Дом построен на толстом льду, как будто (политический) ледниковый период должен длиться вечно.

Однако там, где лед, там и огонь, действие, и не только у Иммендорффа. Ситуация в обеих частях Германии остается, – несмотря на определенные экономические меры, такие как поставка в ГДР 10 000 автомобилей Гольф западнонемецким автомобильным концерном Фольксваген, – очень сложной, в частности, в ее политическом и идеологическом измерении. „Привести Германию в порядок“ *(с. 104, 119)* 1983 года относится к обеим системам. Слева – свастика, символизирующая (предположительного) наследника Третьего рейха, по крайней мере, таким видели его идеологи ГДР. Справа – эмблема власти социалистической диктатуры: молот и серп. Высеченные во льду, они образуют скобки и ограничение. Орлы – у Иммендорффа, конечно, возвышенный символ – здесь, правда, выглядят унылыми. Похожий на НЛО элемент – тарелка, подобная тем, которыми играют дети, – с левой стороны своим движением потенциально устрашает орлов. У одного их них завязаны глаза. Он сидит прямо за читателем „Правды“, закрыв глаза от „правды“ на страницах газеты. По правую руку у бара сидит тощий зверь, похожий на койота или шелудивого пса. Три цвета германского флага (черный, красный, золотой) как бы выжжены на его теле. Сам Иммендорфф, многократно появляющийся на картине с амулетом Бранденбургских ворот, то задумчив, то активен. Название произведения, написанное вверху, на балюстраде во льду, комментирует его действия: приведение страны в порядок, прочь из хаоса в гармоническое существование. Да и кому хочется вечно раздавать памфлеты в кафе?

О планете обезьян напоминает также крупноформатный шедевр 1987 года „Обезьяний дождь“ *(с. 120)*. В образном языке Йорга Иммендорффа обезьяна – это умный зверь, она занимает неограниченное место в живописном мире художника. Она часто сидит на плечах у живописца, иногда водит кистью, чтобы снова и снова встряхивать его, побуждая не предаваться рутине художественного творчества. Она и друг, и враг живописца, его укоры совести и его добрый дух. Изображенное здесь помещение кинотеатра, в котором конферансье с распростертыми руками стоит на сцене, безучастный, подобно тотемной статуе, полно обезьян, двигающихся, как в цирке. Слева и справа сцену обрамляют сломанные столбы с орлом и изображение танка. Смысл и бес-

смыслица, как гласит надпись на среднем столе, распространяются, как в человеческом обществе. В синем небе у потолка происходит борьба, так сказать, за великую кисть. Тот, кто ее получит, будет иметь живописную силу, возможность созидать свой Космос.

Картины Иммендорффа связаны не только с реальностью, но и с миром фантазии, в котором надо иногда бывать, чтобы не быть проглоченным вездесущей повседневностью. В этом воображаемом мире встречаются вещи, которые существуют и одновременно не существуют. Примером этому служит большая серия картин „Кафе де Флор“ *(с. 132)*, названная по любимому кафе французских интеллектуалов типа Жан Поль Сартра. Здесь персонажи иммендорффовского мирового театра собираются на воображаемую встречу. Они никогда не смогли бы собраться в таком составе в Париже, так как многие из них не знали друг друга или вообще не могли знать, в силу их биографических данных. Иммендорфф знает их всех: лично, по их действиям или их произведениям. И все они имеют для него какое-то личное значение: Марсель Дюшан, Макс Бексманн, Отто Дикс, Макс Эрнст, Йозеф Бойс и многие другие. Кафе – это изобретение, в котором герои Иммендорффа виртуально присутствуют, являясь в то же время духовным Космосом образного мира.

В начале 90-х годов маленькие сценки в кафе перемещаются в некое подобие „отдельного кабинета“, как, например, в картине „Георг и Рудольф“ *(с. 130)* или „Прославлять 2“ *(с. 128)*. В первой живописец и скульптор Георг Базелиц сидит с галеристом Рудольфом Шпрингером, во второй изображены художники Фрэнсис Пикабиа и Макс Эрнст. Рядом с двойным троном этих богов-живописцев на коленях стоит Йорг Иммендорфф. Он присутствует в композиции и еще раз: в снежном шаре на столе со своим учителем Бойсом. Для этой картины Иммендорфф избрал технику гризайльной живописи, дающую ему возможность создать подчеркнуто нереальный мир. Хотя героев уже нет среди живых, их дух вездесущ, однако сон никогда не разыгрывается на цветных слайдах Кодака. О самом главном можно сказать и без цвета.

Длинный марш картин Иммендорффа после воссоединения Германии на некоторое время приостановился. В крупноформатной картине „Маленькое путешествие (заячий студень)“ 1990 года, которая не экспонируется на выставке, Иммендорфф вместе с Дюшаном и Бойсом кует ночью единство. Слово написано разными цветами на зеркале. Сцену освещает огонь зажигалки, которую Бойс протягивает Дюшану, чтобы тот прикурил от нее сигару. Является ли это просветлением, теперь, когда оба государства могут срастись? Надежды, желания и стремления вчерашнего дня не обязательно совпадают с ситуацией дня сегодняшнего. И все же необходимо вообще формулировать, находить слова и образы. То, что не будет высказано, то не будет воспринято миром. Независимо от того, сочтут ли когда-нибудь картину „Маленькое путешествие (заячий студень)“ исторической, это произведение выражает просто-таки парадигматическую истину.

Что остается художнику после свершенной битвы? В отношении Йорга Иммендорффа этот вопрос бессмыслен, поскольку для него не существует дня без картины. Знаменательное событие произошло в 1994 году на Зальцбургском фестивале. Здесь в новой инсценировке была поставлена законченная Игорем Стравинским в 1953 году опера „Похождения распутника“ с декорациями и костюмами Йорга Иммендорффа. Произведение Стравинского основывается на одноименной серии картин Уильяма Хогарта 1733 года и рассказывает о жизни сластолюбца Тома Рейкуэлла. Иммендорфф был захвачен идеей передать как язвительный юмор Хогарта, так и его общественно-критические настроения. Он обнаружил, что ему очень близки и Хогарт, и опера Стравинского. Иммендорфф активно разрабатывал эту тему в многочисленных работах на бумаге, в эскизах, рисунках, акварелях и картинах маслом. Картина „Фронтис Пис“ 1994 *(с. 134-137)* года, в которой художник, как и во многих других работах серии, появляется в напудренной маске и кружевной рубашке, служит на петербургской выставке единственным примером из цикла „Похождение распутника“. Название то же, что и у Хогарта. В иммендорффовской картине мы видим художника, который провокационно испражняется. Эксизы кажутся скользящими сверху вниз, одна нога опирается на одну из его картин, свеча освещает провокационное действие.

После осуществившегося на сцене сна в конце 90-х годов множатся самокритичные наблюдения Иммендорффа: „Between Tragedy and Comedy“ *(с. 146, 147)* или „Как дела у руки художника?“ 1997 года. Рука Иммендорффа завязана. Когда повреждает руку звезда тенниса, то жадная до сенсаций пресса тут как тут. А что происходит, если перелом руки случается у художника? Кого это интересует? Что требуется от публики, от себя самого? Что бывает после вынужденного перерыва?

Годом позже, на выставке „Дебаты живописцев“ в Художественном музее Бонна широкая общественность узнала о существовании новых, совершенно иных по стилю картин Иммендорффа. В этих произведениях художник сознательно отказывается как от содержательного, так и от формального тезауруса живописи предшествующих тридцати лет. Каким бы виртуозным ни был карикатурный стиль: новый реализм Иммендорффа в конце 90-х годов потребовал иной живописной изысканности. Содержанием „живописного мира“ Йорга Иммендорффа становится теперь не конкретная политическая и общественная тематика, а собственные визионерские и духовные способности художника.

Переходом к абсолютно новому стал „Последний автопортрет I – картина зовет“ *(с. 151)*. Описывая произведение, Дитер Ронте пишет: „На полотне „Последний автопортрет I – картина зовет“ 1998 года мы видим живописца в маскировочном костюме орла как созидателя в общественном символе могучего властелина воздуха. Он простирает руку, на которой гусеница пытается с указательного пальца проложить путь вперед. На столе мы видим статую Будды с чертами лица Гертруды Стайн, великой музы литературы и изобразительного искусства нашего столетия. Догорающая свеча служит символом преходящего света жизни. На картине в картине изображена главная площадь Варшавы, на которую приземляется ЛИДЛ-самолет с Бойсом, это реминисценция начальных ступеней в классе Бойса, как и собственной выставки в Варшаве. Здесь Иммендорфф также интегрирует в композицию свои личные события, цитирует собственные произведения, например, в языке форм табурета, на котором он сидит, в когтях орла. Атмосфера полна призраков, господствует темнота, гусеница ползет навстречу превращению, она станет другим животным. Мир ненадежен, на заднем плане парит большой земной шар с добродетелями и грехами, маньеристская работа Якоба де Гейна II, описывающая мировой бег Земли. Такие картины, как эта, типичны для новых работ, которые можно считать метафорами“[5].

Новые картины, экспонируемые и в Петербурге, прежде всего те, которые

8. Маленькое путешествие (заячий студень). 1990

Холст, масло.
250 x 500

созданы после 1999 года (см. каталог), стали для Иммендорффа неким освободительным ударом. В одном из интервью он говорит: „Я рад, что по причине их радикальной концентрации они больше не провоцируют вопрос о сюжете, что было само собой разумеющимся раньше. Шаг за шагом я освободил их от повествовательной канители, так что в центре внимания стоит теперь сама фактура формы и цвета... Но картины настолько герметичны и закрыты, что их уже невозможно расшифровать... В распространяющейся повсюду бессмыслице нашего времени я очень сильно ощущаю потребность в смысле. Но только в искусстве мне кажется важным не истолковывать вещи до смерти. В искусстве смысловое содержание состоит для меня как раз в ломке смысла. Утешает, вероятно, то, что этот бессмысленный хаос отражается в сверкающей красоте. Что живопись – это ответ на то, чего не могут дать великие повествования... Если художник отправляется в экспедицию, он ведь не может заранее сказать, что он там откроет“ [6].

Эта исследовательская экспедиция – экспедиция и к себе самому. Иммендорфф остается верен своему старому принципу, даже если его добрый дух, обезьяна, ушла: он снова и снова перепроверяет свое искусство и свою роль художника. Правда, никто, на самом деле, не мог предвидеть того, что отчетный доклад в конце последнего столетия получится столь радикальным. Один из важнейших персонажей в новых работах – это обнаженная женщина, с трудом балансирующая на двух шарах. Фигура, трактовка которой обнаруживает явную близость графике Ренессанса, кажется словно вырезанной, ее колорит соответствует окружающему ее синевато-белому обрамлению. Ее правая рука легко держит круглый набалдашник трости, левой она, наоборот, тяжело опирается на костыль, который схвачен чем-то парящим, похожим на червяка. Это что-то кажется гораздо более органическим, чем обнаженная фигура, силуэт которой пульсирует в окружении сине-серой ауры. Ее верхняя половина решена в темно-сером и черном цвете, а нижняя пылает в красно-оранжевых тонах. В композицию вписаны два медальона, сверху рука, поддерживающая солнце, внизу крылатая рука.

Вдохновленная творчеством ренессансного художника Ганса Бальдунга Грина, эта обнаженная натура кажется загадочной. Совершенно очевидно, что фигура не может сделать ни шагу, она поймана и зафиксирована на шарах.

То есть ее существование состоит в том, чтобы удерживать равновесие, может быть, это метафора тяжкого пути земного бытия. Приданное обнаженной фигуре нечто, напоминающее червя, – это, на самом деле, закрытая с двух сторон кишка, неспособная выполнять свою непосредственную функцию. Именно присутствие обоих медальонов с изображением символов легкости (солнце и крылатая рука) открывает трагическое измерение картины.

Такое же впечатление нереальности производит и крупноформатный шедевр „Кто скачет, кто мчится... Черная овца" 1999–2000 года *(с. 164)*. Справа помещена та же обнаженная натура на костылях и шарах. Здесь на месте головы находится аллегорический земной шар. Пять белых и шесть черных, кажущихся погибшими деревьев, между которыми видны черный, красный и синий всадники, создают фантазийную сцену. С краю слева нечто типа вавилонской башни, встречающейся и на других полотнах художника. Здесь она обрушена сверху и снабжена завершающим лабиринтом. Название отсылает к „Лесному королю" Гете: „Кто скачет, кто мчится под хладною мглой? Ездок запоздалый, с ним сын молодой..." Но и без этой отсылки ясно, что здесь речь идет о трагизме, даже о смерти. Того, кто скачет так поздно, догонит смерть, так можно сформулировать мысль Иммендорффа. Черный всадник в верхней части картины наталкивается на белое дерево.

С большой темой Иммендорффа, темой „Германия" связана и работа „Исток Эльбы" *(с. 156, 157)* . В 1999 году Иммендорфф создал в Риза Заксен скульптуру высотой 25 метров, полную ассоциаций с образным миром великого живописца романтизма К. Д. Фридриха. Одновременно это и мир Иммендорффа. На немецком дубе размещены: муштабель, палитра, лопата, крест. Кусочек мела как бы спускается кем-то с неба в распоряжение художника. Зеленая гусеница служит метафорой превращения; возникает новая жизнь.

Перед таким же дубом на полотне „Падение на колени" размещен справа парящий элемент. Это, – как разъясняет сам живописец, – парящее колено с пчелой („Imme" – по-немецки «пчела» *(с. 192)*). Этот образ отсылает к фамилии художника. Одновременно пчела напоминает об учителе Бойсе, для которого пчелиное государство было выдающимся примером общественной организации. Изогнутый элемент – это снова указание на упрямца Бойса, чей знаменитый лозунг „Я все равно думаю коленом" до сих пор не утратил своей актуальности.

Образный тезаурус новых произведений существенно отличается от прежних работ. Иммендорфф организует, как и прежде, некий круговорот образов, на основе которого может выстраивать свои похожие на театр инсценировки. Модулями являются здесь вавилонская башня, шары, фигура с костылями, мировой бег, гусеница/кукла, кишка, живописная кисть и т. д. Иногда адские фигуры, такие как в работе „Без названия", напоминают об образном мире Иеронима Босха.

Очевидно, что теперь Иммендорфф предпочитает ассоциативную картину. Скрыто проявляется в новых работах и экзистенциалистское измерение. Всем вещам, в том числе тем, которые человек полюбил разумом и сердцем, свойственно меняться. Это утверждение Эразма Роттердамского жизненно важно для человечества. Без изменения, без преобразования возникает застой. Творчество Йорга Иммендорффа в новом столетии ознаменовалось бурным началом. Его искусство остается увлекательным.

---

[1] Йорг Иммендорфф, цит. по: Wilfried Dickhoff (Hrsg.), Jörg Immendorff im Gespräch mit Pamela Kort, Kunst heute Nr. 11, Köln 1993, S. 53.

[2] Вейт Гернер, цит. по: Ausstellungskatalog Jörg Immendorff. Bild mit Geduld, Kunstmuseum Wolfsburg, Ostfildern 1996, S. 27.

[3] См. там же, с. 27.

[4] См. примечание 1, с. 53 и далее.

[5] Дитер Ронте, цит по: Ausstellungkatalog Jörg Immendorff. Malerwald, Museum Küppermühle – Sammlung Grothe, Köln 1999, S. 8.

[6] Йорг Иммендорфф в газете „Вельт ам Зоннтаг" („Welt am Sonntag") от 12.03.2000. Интервью вел Михаэль Штебер.

Палитра. 1979
Холст, искусственная смола. 150 x 150

Барбара М. Тиманн

Йорг Иммендорфф
Произведения в собрании Людвига: 1978–1987

„Призыв к западнонемецким и европейским художникам: сделайте темами своих произведений проблемы повседневности, несправедливость, военную угрозу со стороны двух империалистических держав, политическое насилие – выступайте за мир, ибо когда упадет первая бомба, ни один мольберт не устоит. Ваш Йорг Иммендорфф. Май 1978“[1]

Список персональных выставок Йорга Иммендорффа достаточно длинный, и число их постоянно растет. Этот плодовитый художник, пользующийся с начала 80-х годов международной известностью, может по праву гордиться успешными выставками своих работ в Западной и Восточной Европе (Словении и Польше), Северной и Южной Америке (Мехико), Новой Зеландии, Корее, Тайване и Китае. И вот теперь на очереди Россия: „Музей Людвига в Русском музее“ организует большую персональную выставку художника в Мраморном дворце. Здесь, в России, зрители увидят его творчество впервые.

„Музей Людвига в Русском музее“, – если вспомнить историю его основания, – был просто предназначен к тому, чтобы именно здесь прошла русская премьера этого „грубияна между фронатами“[2].

Открытый в 1995 году музей был основан по инициативе Петера и Ирэны Людвиг[3]. И сами коллекционеры, и русское государство стремились создать место встречи двух культур, где мог бы проходить постоянный культурный обмен между Востоком и Западом, способствующий „международному взаимопониманию народов“. Уже шесть лет музей активно организует выставки современного искусства, представляющие художников не только из России, но и из стран Запада. Таким образом, после десятилетий культурной изоляции петербургский музей продолжает стимулировать диалог культур.

Мечта о культурном обмене между Востоком и Западом, стремление к сотрудничеству обрели у Иммендорффа конкретную форму после встречи с А. Р. Пенком, который, как и сам Иммендорфф на Западе, был аутсайдером официального искусства тогдашней ГДР. Они познакомились в 1976 году в Восточном Берлине. Иммендорфф и А. Р. Пенк, официально не признанный в своем родном Дрездене, заключили немецко-немецкий рабочий союз и в том же году написали первый совместный манифест о коллективной работе. Позднее Иммендорфф вспоминал: «Пенк написал мне письмо: „Дорогой Йорг Иммендорфф, я слышал о твоем предложении. Оно меня заинтересовало“. Над этим стояло: „Белый медведь, мы идем“. А на рисунке: „Я надеюсь, тем самым лед будет взломан“»[4]. Предложение, о котором Пенк впервые услышал от галериста Михаэля Вернера, представляло собой идею сотрудничества между восточными и западными художниками, о чем мечтал Иммендорфф.

В собрании Людвига немецкое послевоенное искусство занимает значительное место, наряду с такими важными темами коллекции, как, например, поп-арт, Пикассо или русский авангард. Петер Людвиг и его супруга, с их культурно-политическим энтузиазмом и – при всей открытости миру – особым вниманием к специфическим немецким проблемам, критически наблюдали за развитием немецкого искусства „после 1945 года“, распавшемся на два блока из-за существования двух политических систем – на „западное искусство“ и „искусство ГДР“. И то и другое нашло свое отражение в коллекции Людвига, где наиболее полно документировано искусство после 1965 года, то есть после того, как началось методическое комплектование музейной коллекции Людвига. Искусство ГДР стало самостоятельной сферой комплектования в 1975 году.

Скульптор в живописце – его лучший враг. 1986
Холст, масло 300 х 400

В то время, когда в США развивался поп-арт, во Франции – Nouveau Réalisme, в ФРГ – разные вариации „нового реализма", а Базелиц, Шенебек и Люперц выпустили „Пандемонический манифест" (1961 год), художественное развитие ГДР с 1959 года определялось, в первую очередь, биттерфельдскими конференциями. А 13 августа 1961 года начинается строительство Стены.

Идеи и формы выражения Йорга Иммендорффа коренятся в тех креативных беспорядках, кажущихся сегодня анархистскими, которые будоражили художественный и культурный мир в период между 1961 и 1968 годами. Конфликты с юридическими властями, министерскими бюрократиями и земельными правительствами были явлением повседневным, фестивали Fluxus'a и хэппенинги запрещали или закрывали силами полиции, картины арестовывали, как, например, „Большую ночь в ведре" Герга Базелица (1963, холст, масло, 250 х 180 см; Музей Людвига, Кельн), профессоров увольняли из академий, как, например, Йозефа Бойса в Дюссельдорфе [5], и Иммендорфф в 1968–1970 годах выступает в роли главы „ЛИДЛ Академии" в Дюссельдорфе и других городах страны и за рубежом.

В 1978 году, через двенадцать лет после первого показа произведений Иммендорффа, которому тогда был 21 год, в „Галерее Аахен" (1966, еще до появления „Встречного потока" и „Новой галереи", из которой в 1991 году вырос Людвиг Форум интернационального искусства) Людвиг купил первую картину художника: „Кафе Германия I". И это было первое из 19 крупноформатных полотен серии „Кафе Германия". Людвига интересовало прежде всего политическое измерение картины, тема немецко-немецких отношений. Наряду с необычайной силой живописи Иммендорффа, коллекционера привлек и сам сюжет. В одном из интервью Людвиг сказал: „Искусство – это выражение определенного восприятия жизни, оно отражает социальные отношения и исторический момент. Поэтому в таких странах, как ГДР, Польша, Венгрия и Советский Союз, искусство было и остается таким важным. В противоположность нашему обществу, которое почти полностью свободно, в этих обществах и в послекоммунистический период продолжает существовать множество табу. Искусство должно выступать и сегодня против этих табу, и оно это делает. Из этого оно черпает силу, – Вы назвали имя Пенка, – которую нельзя недооценивать“[6].

Высокая оценка Петера и Ирэны Людвиг внесла существенный вклад в растущий интерес международной общественности к творчеству Йорга Иммендорффа и его друга А. Р. Пенка, перебравшегося в начале 80-х годов из Дрездена в Кельн, а затем в Лондон, а также Георга Базелица, Маркуса Люперца и других. Чета коллекционеров с самого начала была увлечена творчеством молодых художников, работающих в сфере предметности, поэтому в собрании Людвига представлены и ранние работы названных мастеров.

Искусство Йорга Иммендорффа всегда исторично, политично, общественно-критично, сегодня его можно уже назвать и визионерским. После объединения Германии именно этот первый большой цикл картин „Кафе Германия“ оказался почти профетическим. В принципе, все работы Иммендорффа примерно с середины 70-х до середины 80-х можно обобщить под тематическим заголовком „Кафе Германия“. К этому периоду его творчества относятся произведения, представленные в собрании Людвига: „Палитра“ (1979), „Стулья“ (1980), „Ворота II“ (1980), „Модель скульптуры Квадрига“ (1981), „Шов Бранденбургские ворота – мировой вопрос“ (1982/83), „Кафе Германия Хорошо“ (1983), „Новое большинство“ (1983), „К шву: идея цоколя пришла“ (1985); „Скульптор в живописце – его лучший враг“ (1986), размышления Иммендорффа о себе как живописце, тематически коренящиеся в раннем творчестве, а также легендарная „Лембрукская сага“ (1987), с помощью которой он переселяется в мир театра, сохраняя, однако, принцип „придуманного проявления сравнения“[7] или, как он сам говорит по поводу „Кафе Германия“, обращаясь к идее Гуттузо „просто собрать в одном пространстве умерших и живых. К тому времени [до 1978 года] я уже работал с пространствами и хотел это заострить“[8].

Вдохновленный картиной Ренато Гуттузо „Кафе Греко“ (1976, холст, масло, 282 x 333 см; Музей Людвига, Кельн), приобретенной Людвигами почти одновременно с „Кафе Германия“, Иммендорфф в 1977 году начал работу над рисунками и гуашами к своему центральному произведению – названной выше серии полотен.

Гуттузо написал ностальгическое собрание живописцев и поэтов, среди которых мы узнаем Джорджио де Кирико, Андре Жида, Марселя Дюшана и самого Ренато Гуттузо. В картину включены также скульптуры „Бельведерский торс“ и „Голова женщины. Дора Маар“ Пикассо (1941, гипс, 80 x 42 x 55 см; Музей Людвига, Кельн, также часть собрания Людвига).

Иммендорфф, напротив, размещает в своем кафе, собственно говоря, не в кафе, а в запутанной пространственной конструкции, восходящей к дюссельдорфской дискотеке, которую так любил посещать художник, множество „элементов декорации“ и персонажей немецкой политики и современной истории. По размерам картина точно совпадает с полотном Гуттузо, но пространственная ситуация здесь совершенно иная: кафе Гуттузо выходит на улицу, а „дискотека“, наоборот, закрыта, подобно ящику, и напоминает театральную коробку, что неудивительно, ведь Иммендорфф в 1963–1964 годах, прежде чем перейти в дюссельдорфской Академии к Бойсу, учился там же у сценографа Тео Отто.

В „Кафе Германия“ он протягивает раскрытую руку – словно для братского рукопожатия – через кирпичную стену, как бы фрагмент „Стены“, А. Р. Пенку, который, что следует, по крайней мере, из логики картины, должен находиться со стороны зрителя по эту сторону сцены: мы видим его отражение в одной из двух четерехгранных колонн, поддерживающих потолок. Кисть в руке А. Р. Пенка характеризует его как коллегу-живописца. На среднем плане картины Иммендорфф появляется еще раз, теперь в роли танцора, точнее, „двойного танцора“ [9] – его костюм разделен по вертикали на две половины, стилистически разные, – они делают художника одновременно и рокером, и джентльменом. Иммендорфф украшает себя и в роли живописца, и в роли танцора эмблемой общества немецко-китайской дружбы, – вот еще одно свидетельство стремления художника, чтобы пропасть между системами не была такой огромной. В середине картины главы государств Эрих Хоннекер и Хельмут Шмидт расписывают немецкий флаг, разложенный на столе между ними. Образы справа у бара в большинстве своем анонимны. Одна девушка вместо кофе несет инструменты – крюки и лопаты. Пометив над баром портрет Бертольда Брехта, Иммендорфф намекает на его 80-летие, которое „отмечалось“ в ГДР в 1978 году. Брехт держит в руках флаг и молоток, для него зажгли свечу дня рождения. Вся эта сцена, полная намеков, частично скрытых в плохо освещенных уголках заведения, например, таких как шлем солдата вверху слева в сторожевой башне или миниатюрные пограничники, сидящие на корточках на балке наверху и наблюдающие оттуда за мрачной сценой, разыгрывается в четко структурированном, но динамичном пространстве.

Картина, как и все другие версии того же сюжета, имеет крайне комплексное содержание и два основных акцента: во-первых, откровенную критику существовавших тогда политических отношений, прежде всего государственных практик контроля и подавления, а во-вторых, саморефлексию – неслучайно Иммендорфф размещает на переднем плане свой автопортрет с кистью, характеризующей его как живописца, в руке и кажется озабоченным мыслью о том, какова роль художника в социально-политической структуре и может ли он своим искусством влиять на общество [10]. Обе эти позиции – критика восточно-западного конфликта и саморефлексия – соединяются в картинах, которые имплицитно выражают позицию художника, эксплицитно сформулированную параллельно с созданием крупноформатных картин в одном из рисунков кистью:

„Призыв к западнонемецким и европейским художникам:

Сделайте темами своих произведений проблемы повседневности, несправедливость, военную угрозу со стороны двух империалистических держав, политическое насилие – выступайте за мир, ибо когда упадет первая бомба, ни один мольберт не устоит. Ваш Йорг Иммендорфф. Май 1978“

На созданной несколько позже картине „Палитра“ изображено пространство, также несколько похожее на сцену, и хотя это полотно значительно меньше по размеру и гораздо менее „сюжетно“, в нем Иммендорфф также разрабатывает тему „холодной войны“, однако в этом случае он опирается не на человеческие образы, а на предметы, повествующие о человеческом существовании и одновременно его отсутствии, о вандализме и хаосе: стулья и стол лежат на полу (знаменитый дощатый пол: доски, которые означают весь мир...). В этой мрачной инсценировке господствует цветовая палитра, которую можно принять за большую льдину, а за столом, маленькая, потерянная, почти сливающаяся с неясным фоном, сидит, скорчившись, антропоморфная фигурка, не человек и не зверь, окруженная аурой из сомнений и беспомощности. Это, вероятно, обезьяна, которая стала другом Иммендорффа в начале 80-х годов. С кистью в руке она служит старым символом предметной живописи [11]. В этом контексте определения идентичности – в самом широком смысле, – манифестируемого в работах всех периодов и красной нитью проходящего через все творчество художника, находит свое место и картина „Скульптор в живописце – его лучший враг“.

Холодной атмосферой отличается также фиктивно созданное пространство картины „Стулья“, где друг с другом борются блоки, персонифицированные мужской и женской фигурой. Это немецко-немецкое столкновение, обозначенное как таковое орлом, которому Иммендорфф в „Новом большинстве“ (1983) посвятил целую картину и который как бы охватывает всю сцену, заряжено агрессией, стулья превращаются в оружие. Холод климата между Востоком и Западом художник символизирует снежными шапками, лежащими на разных предметах в картине, а также надписью огромными буквами у нижнего края картины: „BrrrD“, которая одновременно представлят собой сокращение „Bundesrepublik Deutschland“ („Федеративной республики Германия“).

Кафе Германия. 1978
Холст, искусственная смола. 282 x 330

Характерный для Иммендорффа прием „оживления объектов", когда он резко увеличивает их объем, изгибает их прямые линии и словно заставляет их танцевать, особенно отчетливо проявляется в тех произведениях, где сравнительно мало персонажей. Так, в картине „Стулья" в этой роли выступает мухомор – полугриб, получеловек, он дает яркий пример персонификации художником неживых объектов и символизирует отравленные отношения между обоими немецкими государствами. Это произведение также ставит вопрос о роли художника: вверху справа Иммендорфф дает пояснения к своим работам и тем самым подтверждает дидактически-агитационный аспект своего творчества; на среднем плане справа сбоку мы видим его еще раз, теперь в качестве живописца, пытающегося пробить головой полотно (= стену).

Наивысшего художественного выражения тема разделения Германии достигает в самой монументальной из бронзовых скульптур Иммендорффа „Шов Бранденбургские ворота – мировой вопрос". В этом контексте – до и после – существуют и произведения „Ворота II" (1980), „Скульптурная модель Квадрига" (1981) и „К шву: идея цоколя пришла" (1985). Эта работа из бронзы была создана в 1982–1983 годах и сразу же экспонирована на выставке „Документа VII" в Касселе, где ее и приобрел Петер Людвиг. Гигантская

Шов
Бранденбургские ворота – мировой вопрос
1982–1983
Бронза раскрашенная
360 x 600 x 300

Ворота II. 1980
Холст,
искусственная смола
305 x 420

WESTRAF

[1] Йорг Иммендорфф. Цит. по: Dieter Koepplin, Jörg Immendorff „Café Deutschland", Basel 1979, S. 10.

[2] Так назван в: Peter Gorsen, Ein Grobian zwischen den Fronten // Frankfurter allgemeine Zeitung, 20.7.1991.

[3] Основанию музея в 1994 году и его открытию в Мраморном дворце предшествовал дар Петера и Ирэне Людвиг 118 произведений зарубежного и русского современного искусства.

[4] Йорг Иммендорфф. Цит. по: Dickhoff, Wilfried (Hrsg.), Jörg Immendorff im Gespräch mit Pamela Kort, Kunst Heute Nr. 11, S. 66.

[5] См. об этом: Wolfgang Backer, Bilder aus Deutschland 1949–1989 // Von der Teilung bis zur Wiedervereinigung. 40 Jahre Kunst aus Deutschland aus der Sammlung Ludwig, Musée National d'Histoire et d'Art, Luxembourg (Hrsg.), Luxembourg 1992, S. 25.

Новое большинство. 1983
Холст, масло 190 x 400

[6] Петер Людвиг. Цит. по: Op. cit. S. 13.
[7] См. об этом: Veit Görner, Langer Marsch auf Bilder // Jörg Immendorff. Bild mit Geduld, Kunstmuseum Wolfsburg (Hrsg.), Wolfsburg 1996, S. 30.
[8] Йорг Иммендорфф. Цит. по: Dickhoff, Wilfried (Hrsg.), Jörg Immendorff im Gespräch mit Pamela Kort, Kunst Heute Nr. 11, S. 59.
[9] См. об этом: Dieter Koepplin, Jörg Immendorff „Café Deutschland", Basel 1979, S. 12.
[10] См. об этом: Op. cit. S. 10.
[11] См. об этом: Rudi Fuchs, Jörg Immendorff. Die Allegorie // Jörg Immendorff. Malerdebatte, Kunstmuseum Bonn (Hrsg.), Bonn 1998, S. 35f.
[12] Helga Behn // Kölner Museums-Bulletin, Sonderheft: Neuerwerbungen im Museum Ludwig 1986–1990, Köln 1990, S. 39.

Beschwörung 1-8

Александр Боровский

Картина зовет

Йорг Иммендорфф давно прописан в Петербурге: его полотно „Стулья“, 1980 (Stuhle) в рамках проекта „Музей Людвига в Русском музее“ находится в постоянной музейной экспозиции. Слово „прописан“, неожиданно для меня самого выплывшее из словаря советской эпохи, представляется мне символичным в контексте рассуждений об этой картине. Институт прописки вводится тоталитарным режимом (любым) для скорейшей идентификации личности (поставленной на учет по месту жительства, просвеченной насквозь специальными службами, готовой как к мобилизации, так и к депортации). Но, как оказалось и как свидетельствует советская классика, прописка стала инструментом поиска идентичности: Ура! наконец-то я „прописан“, теперь я полноценный гражданин, право имею, обеими ногами стою на земле, в едином строю с самыми лучшими и передовыми. Или – туда ли я „прописан“, похоже, мне не по пути с этими толпами, охваченными энтузиазмом. Или – черт с ней, с пропиской, уеду куда глаза глядят, только бы не стать частью системы...

Работа „Стулья“, выполненная в связи со знаменитой серией „Кафе Германия“, при всей немецкой специфике, – в сущности, о „прописке“. О праве на Германию, о поисках себя в Германии и Германии – в себе. Поиск идентичности идет с боем – перья летят! В буквальном смысле слова – оппоненты лупят друг друга стульями, попадая по крыльям гигантского орла. Общегерманского и общепримиряющего, так сказать. Или наоборот, разводящего по углам, на расстояние распахнутых крыльев, чтобы снова скомандовать – к бою!

Работа весьма характерна для Иммендорффа конца 70-х: она монументальна и густонаселена, ее эстетику я бы назвал колючей. Колется все – рваные, углом построенные пространственные планы, изображенные предметы – разбитая мебель, сломанные птичьи перья. Саднят ядовитые цветовые диссонансы. Наконец, почти тактильно ощутима, как заноза в теле, колючесть смыслов – неразрешимость вопросов, которые мы привыкли считать русскими: за что? кто виноват? что делать?

Содержание? Вот тут начинается излюбленная Иммендорффом игра в прятки. Если иметь в виду и масштаб проблематики, и особенно план выражения, живописную репрезентацию, то есть все те же, упоминаемые выше, монументальность и многонаселенность, то Иммендорфф предстает автором больших нарративов, великих метаповествований (Лиотар). Причем – в век эррозии веры в эти самые великие истории с воплощенным в них „знанием“. Это неверие реализуется путем расщепления большого нарратива на частные парадоксальные истории, не аккумулирующие „знания“ и „правила“, а, скорее, свидетельствующие об их кризисе. В какой-то степени арт-практика Иммендорффа поддается отмычке постструктурализма: действительно, разнонаправленные и разнодействующие микроповествования (смыслы) размывают некие обобщающие выводы. Так что постмодернистский дискурс может праздновать победу: „великий рассказчик“ убивает в самом себе „великий нарратив“? Полной победы постструктурализма все же не получается: раздробленное повествование снова стягивается в единый клубок, оказывается, картина, как живое существо, обладает единой системой кровообращения. Так что дело, может, не в энтропии содержания и вывода, а просто в отказе от однолинейности и тем более функциональности метанарратива?

Заклинание 1–80
1981
Холст, масло
50 x 40

Раз уж мы коснулись постструктуралистского языка описания, почему бы, в духе модной теории языковых игр, не сыграть свою партию. Итак, содержание? Слово „content“ имеет минимум два значения: содержание и вместимость, емкость. Картины Иммендорффа этого периода очень вместительны – они буквально изобилуют изображениями, прямыми и метафорическими: предметностями, персонажами, ситуациями и т. д. Все они наполняют, переполняют картину – как мешок „под завязку“. Каково содержание полотна, которое буквально кишмя кишит смыслами? Можно ли вообще редуцировать это содержание к сколько-нибудь связному рассказу-толкованию? То-то же. Довольствуйтесь несколькими общими фразами. Типа: это полотно посвящено проблематике разъединенной Германии. Или что-нибудь в этом роде. Кстати, о слове „довольствуйтесь“. Довольство, чувство удовлетворения – третье значение слова „content“.

И все же прятки Иммендорффа – очень серьезная игра, подразумевающая ответы на бытийные, экзистенциальные вопросы. Настолько серьезная, что чисто изобразительно, в плане выражения, художник, боясь патетики, всячески идет на снижение. То перейдет на язык карикатуры, то подсунет простейшую метафору, расшифровать которую с удовольствием возьмется любой тинэйджер. Например, покажет гриб-мухомор, к тому же изображенный карикатурно, в духе детской иллюстрации – с деталями физиономии, с ручками и ножками. Мухомор отвернулся от персонажей, действующих (дерущихся) на просцениуме – столиках разгромленного кафе: дескать, тоска, мухи дохнут. Вместе с тем изображен гриб – легко читается намек на галлюциноген, на измененное состояние сознания. Так работает механизм снижения риторичности повествования. Но он же – механизм накопления, прибавления смыслов. В конечном итоге – неоднолинейного прибавления качества содержания. До необходимой емкости. До чувства удовлетворения.

Итак, думаю, возможен некий предварительный итог. Чему посвящен метанарратив Иммендорффа и как он осуществляет себя, как реализуется? Кажется, он, во всяком случае в сериях „ Кафе Германия“ и „Café de Flore“, действительно несет бремя экзистенциальной нагруженности, настроен на большие бытийные проблемы национальной истории и идентификации, состояния духа и культуры. Вместе с тем этот настрой – не в „отражении“ и тем паче не в „выводах“ и „руководстве к действию“. Иммендорфф не единица политического дискурса, хотя и стремился ею быть в период становления. Он не „лечит раны“, как его учитель Й. Бойс, не проповедует, используя простейшие раздражители, и не занимается алхимией, как Кифер. Не делает он и нечто противоположное – герметичный, параллельный мир, сконструированный по принципу cool (тогда не было бы предмета для разговора об экзистенциальной нагруженности). Нет, дело, видимо, в другом.

Может быть, все проще – речь в его больших рассказах идет об экзистенции как таковой, о проживании собственной жизни, пусть в условиях многослойно накапливающегося общего, коллективного опыта – исторического, эстетического, приватного? Недаром его изобразительные нарративы так проникнуты витальностью, энергетикой – настолько, что восприимчивый зритель чувствует покалывание энергетических разрядов (мы писали о колючести эстетики произведений Иммендорффа конца 70-х – начала 80-х, вот еще одно дополнение к этому образу).

Что ж, может быть, так оно и есть. Во всяком случае, в масштабных работах Иммендорффа, как бы ни была экстремальна их атмосфера или сюжетика (чего стоит реанимация древних жанровых установок – вакханалия? сатурналия? в „Цинтиане“, 1992–1993, Cyntiana), на первое место выступает именно ощущение витальности, энергетической заряженности, жизни!

Вот предмет нарративов Иммендорффа! Именно проживаемую, осуществляемую жизнь прежде всего распознаем мы, отвлекаясь от разгадывания иконографических ребусов и попыток привязки изображенных образов к историко-культурным реалиям, в этом копошащемся месиве человеческих фигур, биоморфных образований, символических знаков, зловеще-театрализованных теней!

(Надо сказать несколько слов о жизнеподобии. Его-то Иммендорфф боится как огня, сразу же ставя вопрос о статусе изображенного. И в больших, густонаселенных, и в так называемых белых, более камерных, разрешается проблема специального модуса изобразительности, который позволяет избежать прямого отображения реальности. Чаще всего Иммендорфф использует некий макроприем общей театрализации. Причем имеется в виду театрализация разного рода – и классический спектакль, и театр теней, и камера обскура, и представление бродячего фокусника. Их объединяет некая театральная фокусировка: направленный свет, наличие рампы, эффект ожидания. – Что за занавесом? Просто за материей, которая лежит на некоем объеме? Петух, которого продемонстрирует фокусник? А может, материя просто прикрывает стол с хирургическими инструментами?)

Естественно, возникает вопрос о позиционировании. Прежде всего авторском. Здесь вроде бы нет особых сложностей – художник настойчиво заявляет о своих правах на творимую им фантасмагорию: проживается именно его жизнь, обрастающая живописной плотью и кровью. Он сам показывает то, что хранится в задних комнатах его сознания („Во всех комнатах моей души“, 1989 – „In Allen kammern Meiner Seele“). Сам возделывает свой сад (многочисленные поздние вещи с ирисами), сам ищет дорогу в своем лесу („Ожидая пчелу 1“,1991–1992 – „Wartebiene 1“). Права эти заявлены простейшим образом – включением авторского изображения в ткань, точнее, клубок повествовательных нитей. В уже упоминавшихся „Стульях“, сыгравших для нас, благодаря людвиговскому проекту, роль интерлюдии, автопортрет появляется дважды. В одной части художник предстает в роли интерпретатора собственного творчества, в типично лекторской позе указывающего на картины (или их слайд-проекции). В другой – он участник собственно действия, события, „драки“. Он пробивает головой холст (это может быть и Берлинская стена, и граница здравого смысла, нормы, или вообще плоскость, отделяющая реальность от искусства). Искусство издавна знает прием включения автопортрета художника в изображаемое действие, в каждом конкретном случае имеющий конкретное обоснование (российский художественный опыт сразу же подсказывает „Последний день Помпеи“ К. Брюллова, в котором художник артикулирует ролевую функцию свидетеля, летописца, подчеркивая свое спокойствие, невовлеченность в общее паническое состояние). Но Иммендорфф проводит этот прием особенно настойчиво, даже настырно, представляя себя в разных ипостасях (участник действия и его интерпретатор, центр творимой вселенной или ее малая частичка, данная в заведомо снижающем или случайном качестве: в запрятанном в „складки“ живописной поверхности автопортрете на случайном листке или в почти имперсональной промелькнувшей тени). Совершенно очевидно, что ему внутренне необходимо авторизовать эту творимую жизнь, дать почувствовать себе самому и зрителю, что жизнь эта проживается не кем иным, как им, художником. „Прописаться“ в ней, говоря казенным языком бюрократии, – несмотря на обилие культурных и культовых персонажей, претендующих на этот же адрес. Он проживает эту сотворенную жизнь, но и она живет, прорастает в нем (символично название одной из картин – „Финальный автопортрет 1 – картина зовет“, 1998. – „Letztes Selbstportrat 1 – Das Bild Ruft“).

Проблема позиционирования имеет и другую сторону. Зрительскую. Витальность живописного макронарратива Иммендорффа, его несомненная суггестия (упомянутая выше вещь носит обоюдоострый характер – картина зовет не только художника, но и зрителя) требуют от нас некоего позиционирования, определения своего положения по отношению к произведению-событию. Здесь не обойтись без цитаты. Л. Н. Толстой так описывает в „Войне и мире“ званый обед у Ростовых: „Гувернер-немец старался запомнить все роды кушаний, десертов и вин с тем, чтобы описать все подробно в письме к домашним в Германию, и весьма обижался тем, что дворецкий с завернутою в салфетку бутылкой обносил его. Немец хмурился, старался показать вид, что он и не желал получить этого вина, но обижался потому, что никто не хотел понять, что вино нужно было ему не для того, чтобы утолить жажду, не из жадности, а из добросовестной любознательности“[1]. Этот пассаж целиком посвящен проблеме позиционирования. Немец-гувернер одновременно и участник действия (он сидит за столом и никто его из-за стола не просит), и его интерпретатор (в будущем письме к домашним). И вместе с тем он воплощает позицию человека неудовлетворенного, чего-то не дополучившего, не добившегося полной информации или окончательного знания о происходящем. Иммендорфф ставит зрителя в подобную позицию. Он и вполне демократично „приглашает зрителя за стол“ (выше говорилось о несомненной суггестии его произведений): зазывает прикоснуться к мощной энергетике его „заряженных“ полотен, приглашает распутывать клубки повествовательных нитей, предлагает ключи к разгадыванию своих иконографических ребусов. Но все это имеет предел. Что-то важное, возможно главное, не поддается интерпретации. Наверняка – к лучшему. Достаточно того, что уже есть: физического ощущения события, в котором ты участвуешь, церемониала протекания времени, который ты волей-неволей разделяешь, увлекательности действия, которое тебя захватывает, хоть ты в нем и не на главных ролях (или – теплоты компании, к которой тебе дано хоть как-то приблизиться, тем более что это компания Бойса, Дюшана, Гертруды Стайн и многих других немаловажных людей, в том числе, конечно, хозяина стола – Иммендорффа). Так что гувернер выставлен в качестве персонажа комического только благодаря непониманию выгоды своего положения: столько дано, да еще что-то остается тайной!

Иммендорфф, надо отдать ему должное, зорко следит за моментом недосказанности, даже принципиальной невозможности добиться окончательной истины. Этому посвящен целый ряд отрефлексированных приемов. Во-первых – уже упоминавшийся прием снижения, когда художник использует как бы низовую лексику – язык карикатуры, неумелого детского рисунка, граффити. Второй прием – так сказать, уклонение: автор прячется за язык заведомо имперсональный, неавторизованный – типографское клише или прием репродукционной гравюры конца XIX века. При этом никогда ни один прием не проводится в качестве единственного, всегда сочетается с другим, как бы противоречащим и соперничающим. Например, граффити – с акцентированно авторской экспрессивной живописью, отличающейся особой маэстрией.

Помимо приемов, лежащих в сфере визуальной репрезентации, у Иммендорффа есть несколько коронных приемов смыслообразующего плана, направленных на все то же размывание репрессивного понятия „главной истины“ и самой возможности допуска к ней. Один из них – манипуляция метафорой, символом, иносказанием, то есть тропом. Эти манипуляции имеют процессуальный характер, временную протяженность. Суть их в переходе от иносказательного (тропа) к буквальному – и наоборот. Так, инерционный, избитый символ – орел становится птицей во плоти: художник буквально смакует „вещественность“ его оперения, ухватывает своеобразие повадки и норова. Словом, дает волю тактильным и миметическим возможностям своего письма. И вдруг – снова символ. Однако уже не столь заезженный, стертоусловный, но театрально-зловещий, драматизированный. И новый возврат – теперь он банально эмблематичный, как на оттиске резинового штампа.

Манипулирует Иммендорфф и иконографией, особенно связанной с искусством. В течение десятилетий в его творчестве присутствует мотив башни. Естественно, он восходит к иконографии Вавилонской башни, но, возможно, и к промышленной поделке – простецкой шахматной ладье. И с тем же основанием – к тюремной башне „Паноптикон“ (всевидящей, всенаблюдающей) из архитектурного проекта XVIII века. Образы накладываются один на другой и продолжают жизнь друг в друге, несмотря на значительную „авторизацию“. Так, во многих произведениях последних лет присутствует образ шара-глобуса с аллегорическими фигурами, иконографически восходящий к гравюре XVI века. Впрочем, возможны любые оптические аберрации: в сознании возникает то рыцарский шлем с украшениями и перьями, то растрепанный кочан капусты. „Продвинутому“ же искусствоведческому сознанию вполне может привидеться Д. Арчимбольдо.

Иногда возникает вопрос – зачем художнику такое обилие образов, приемов, манипуляций, реализующихся в разных изобразительных системах, в разных временных режимах?

Вопрос этот старый. Еще инквизиция задавала его Паоло Веронезе. Вопрос из протокола заседания трибунала: „Что обозначают фигура того, у кого кровь идет из носа? Ответ: „Это – слуга, которого случайно пошла носом кровь". И, чуть ниже, новый вопрос: „Так вам казалось подходящим изображать в такой вечере Господа нашего шутов, пьяниц, вооруженных немцев, карликов и подобные непристойности?"[2]

Ответ был невразумителен. Художнику трудно было убедить трибунал, что все происходило само собой, что новая реальность творилась по каким-то не поддающимся объяснению законам. Думаю, нечто подобное происходит и с Иммендорффом, с его уникальным для современной живописи эффектом витальности: прирастание образов идет само собой, картина, как живой организм, дышит самостоятельно и самостоятельно набирает вес и объем. Конечно, тут имеет значение опыт сюрреализма с его механизмами автоматических практик. Наверное, кое-что можно описать языком постструктурализма, в частности, термином „авторитет письма" (Autoritat des Schreibens), когда изобразительный текст обладает самодовлеющей „властью". Но главное идет издревле и почти не поддается вербализации, тем более процедурам деконструкции.

Как эта пара странных образов, с какой-то особой настойчивостью посещающих поздние, „белые" вещи Иммендорффа. Один из них – гусеница, другой, судя по автокомментарию художника, – колено в какой-то неожиданной проекции. Они висят в пространстве картины, как корабли пришельцев – сомнамбулически самопогруженные, недоступные вербальному контакту. Но они явно светятся изнутри. И явно делятся энергией.

---

[1] Л. Н. Толстой. Сочинения в 20 томах. Т. 4. М., ГИХЛ, 1961. С. 86. Любопытно, что Джонатан Финеберг, автор весьма глубокого, на мой взгляд, текста об Иммендорффе (J. Fineberg. Immendorff's White Paintings and his Political Practice, in Jörg Immendorff. New Paintings. M.Werner), также опирается на цитату из Л. Толстого.

[2] Цит. по: Мастера искусства об искусстве. М., Искусство, 1966. Т. 2. С. 248.

Sieg!!!
curver

ИЛЛЮСТРАЦИИ

Восточная башня. 1977
Дерево раскрашенное. 65 x 16

Западная башня. 1977
Дерево раскрашенное. 77 x 17

Позиция (Стул, мужчина на облаке). 1979
Дерево раскрашенное. 86 x 48 x 63

Позиция (Стул, женщина со шлейфом). 1979
Дерево раскрашенное. 86 x 49 x 64

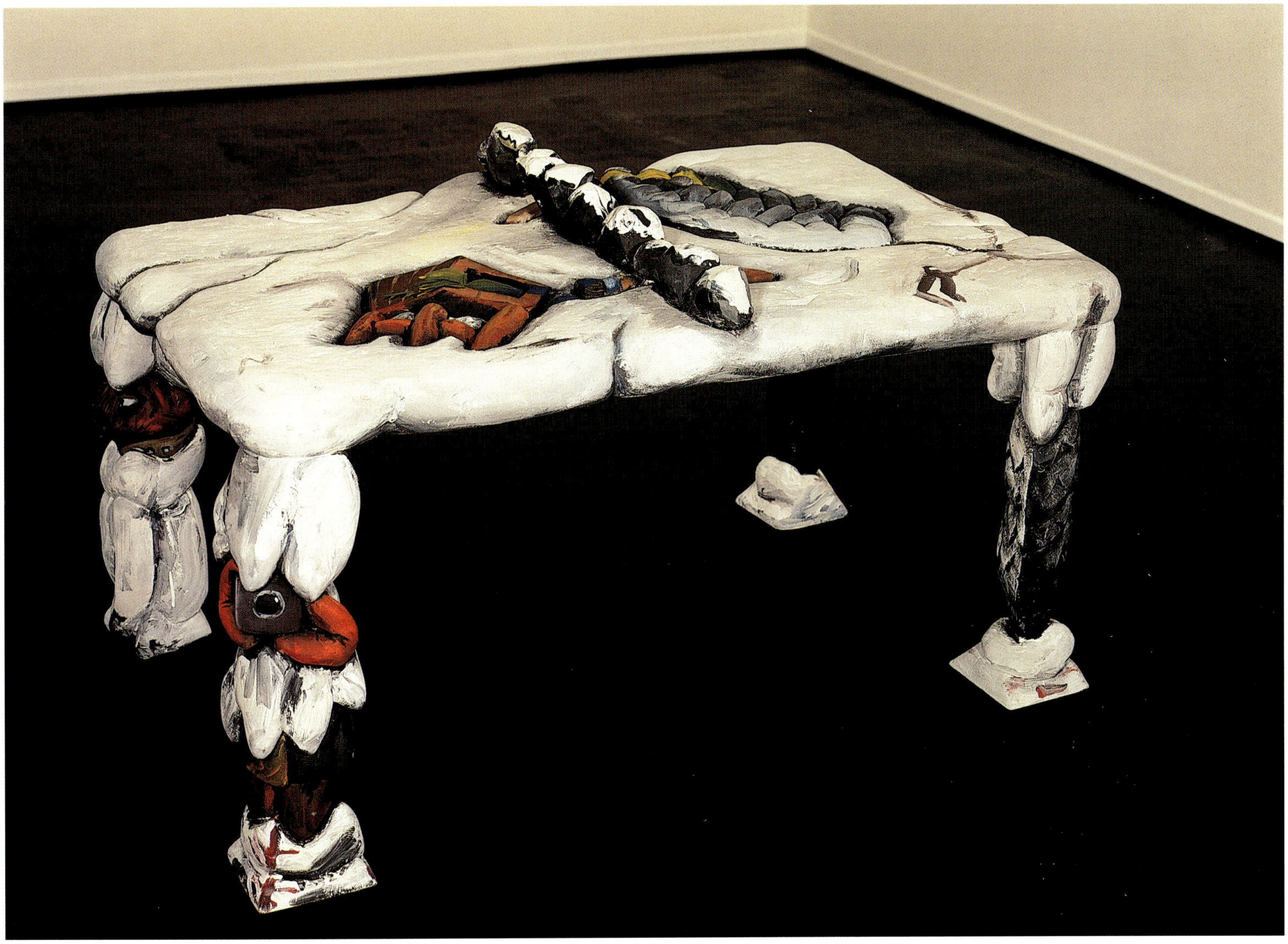

Ситуация (Стол). 1979
Дерево раскрашенное. 92 x 98 x 159

Позиция (Стул ГДР). 1979
Дерево раскрашенное. 85 x 49 x 64

Позиция (Стул России). 1979
Дерево раскрашенное. 85 x 65 x 50

Позиция (Стул Макроорёл). 1979
Дерево раскрашенное. 86 x 50 x 63

Позиция (Стул будущих вопросов). 1979
Дерево раскрашенное. 86 х 48 х 62

Пот времени. 1982
Дерево раскрашенное
265 x 60 x 60

Орёл. 1981
Дерево раскрашенное
262 x 55 x 43

Avantgarde jörg

Маленькая смена. 1981
Холст, масло. 50 x 40

Авангардный Йорг. 1981
Холст, масло. 50,2 x 40

Я к власти. 1981
Холст, масло. 70 x 51

ICH AN DIE
MACHT

Западная вина. 1981
Холст, масло. 160 x 110

WESTSCHULD
IMMENDORFF

Маленькая смешанная техника. 1981
Холст, масло. 50 x 40

Маленькая смешанная техника. 1981
Холст, масло. 50 x 40

Предупреждение 1. 1981
Холст, масло. 50 х 40

Кафе Германия –
Обращение к моим картинам
1981
Холст, масло
110 x 130

Auf die Plätze

На места! 1981
Холст, масло. 50,2 x 40

На места! 1981
Дерево, масло. 125 x 120

Шов. 1981
Дерево, масло. 125 х 120

Quadriga

Шов-квадрига. 1981
Гипс раскрашенный. 86 x 109 x 58

Квадрига. 1981
Холст, масло. 50 x 40

Маленький партийный съезд. 1981
Холст, масло. 50 x 40

Маленький партийный съезд. 1981
Холст, масло. 50 х 40

Система спереди. 1981
Холст, масло. 50 x 40

Маленький мировой вопрос. 1981
Холст, масло. 50,2 x 40

Конец льда. 1981
Холст, масло. 50 x 40

Футурология. 1981
Холст, масло. 50 x 40

Проба. 1981
Холст, масло. 50 х 40

Probestehen

Класс. 1982
Холст, масло. 126 x 121

Класс/Классик. 1982
Холст, масло. 125 x 121,3

Учреждать отвагу. 1982
Холст, масло. 110 x 130

Что мы поставим внутрь. 1982
Холст, масло. 110 x 130

Коллекционер. 1982
Холст, масло. 126 x 121

Я люблю свою страну (западно). 1982
Холст, масло. 250 x 310

Коллекционер. 1982
Холст, масло. 80 x 80

Половины орла. 1982
Холст, масло. 80 x 80

На обложке: Й. Иммендорфф. Нет света для кого? 1982
Холст, масло. 80 x 80

Привести Германию в порядок. 1983
Холст, масло, из 2-х частей. 250 x 498

Шов. 1983
Пенопласт раскрашенный. 100 x 100 x 25

Спасатель. 1983
Дерево раскрашенное. 70 x 17 x 22

C. D. – Пот времени
1983
Холст, масло
150 x 200

Café D.

Поднять/дрожать. 1983
Холст, масло. 250 x 250

heben
heben

Коллекционер I. 1983
Холст, масло. 70 x 50

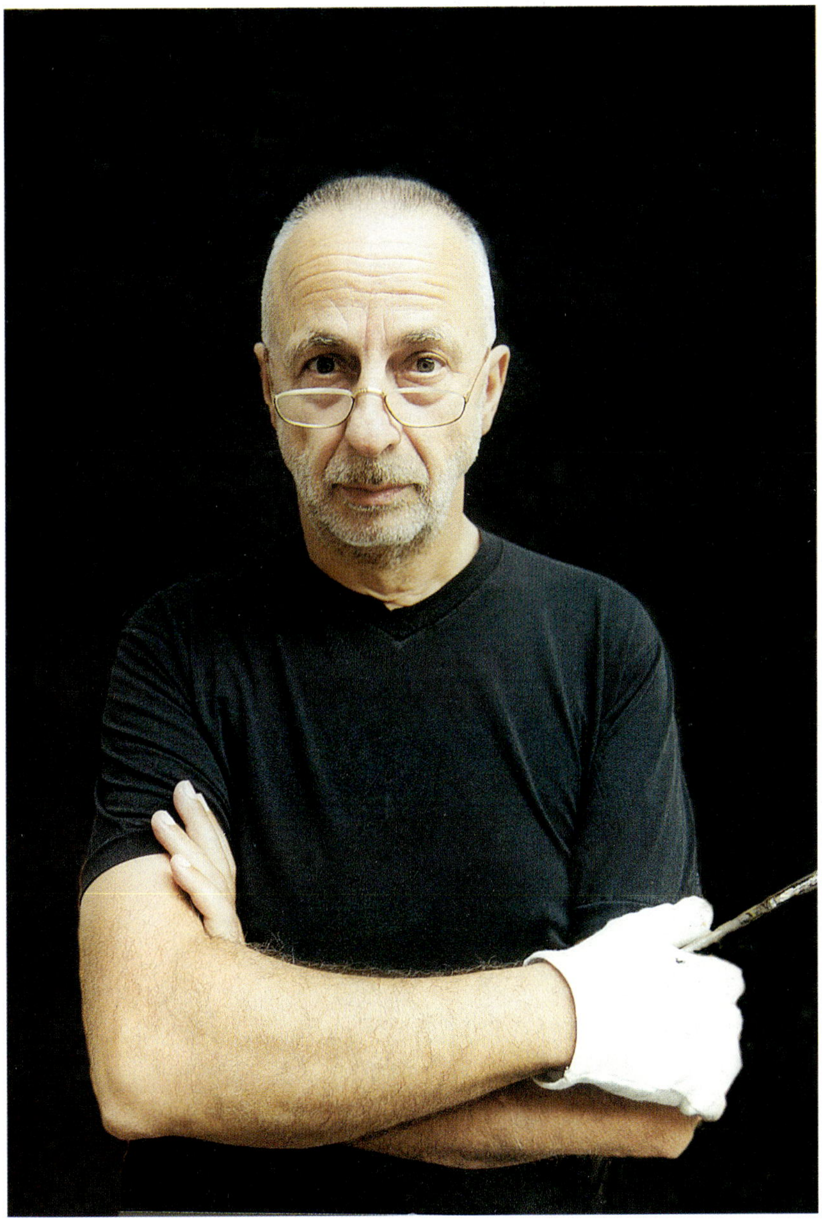

Дрожать поднимать – кладовая. 1984
Холст, масло. 250 x 100

Эскиз к: Всё, что мне нужно. 1984
Холст, масло. 149,9 x 120

Привести Германию в порядок. 1983
Холст, масло. 250 x 250

Обезьяний дождь. 1987
Холст, масло, из 2-х частей. 285 x 570

bourgeois
colours

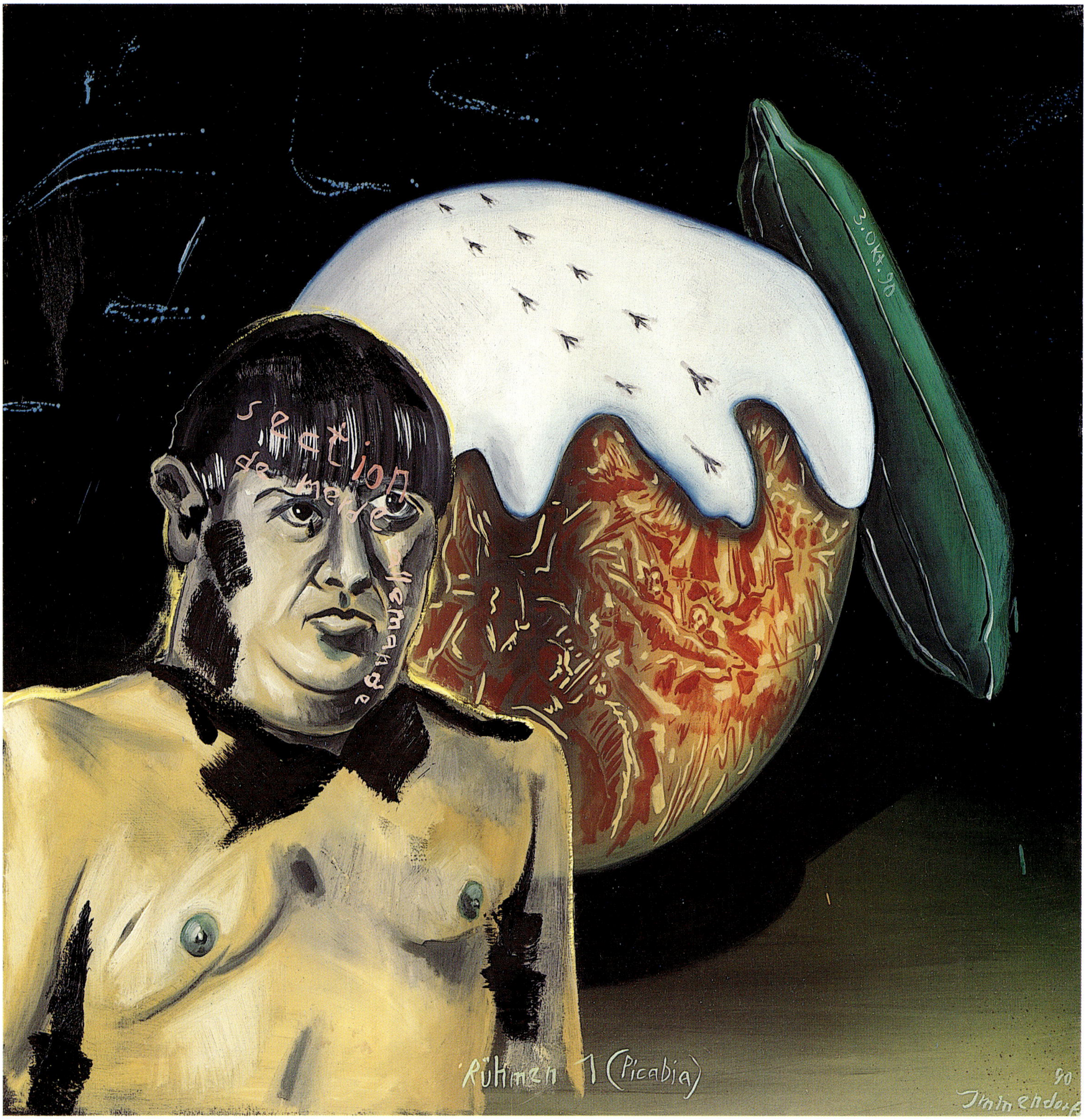
3.Okt.90
Rühmen 1 (Picabia)
90
Immendorff

Прославлять 1 (Пикабиа). 1990
Холст, масло. 100 x 100

Всё, что ты от меня получишь. 1990
Холст, масло. 130 x 130

alles was Du von mir bekommst
Immendorff 90

Всё, что вы от меня получите (Прославлять + Дон). 1990
Холст, масло. 250 x 220

Прославлять (2 х Курт). 1990
Холст, масло. 150 х 130

Прославление 2. 1990
Холст, масло. 270 x 200

Section de merde allemande (сентиментально). 1990
Холст, масло. 270 x 200

Георг и Рудольф (по-французски). 1990
Холст, масло. 270 x 200

Painter as canvas. 1990–1991
Холст, масло. 270 x 180

Кафе Флора
1990–1991
Холст, масло
300 x 400

Café de Flo
90/91

Фронтис Пис (II). 1995
Холст, масло. 300 x 200

Фронтис Пис (I). 1994
Холст, масло. 295 x 119

Фронтис Пис III. 1995
Холст, масло. 300 x 200

Фронтис Пис IV. 1995
Холст, масло. 100 x 80

Без названия. 1995–1996
Холст, масло. 300 x 250

(Haufen 3)
Den Hahn wecken
Immendorff 96

Разбудить петуха (Груда 3). 1996
Холст, масло. 300 x 250

Орлиная партитура
1997
Холст, масло
300 x 450

Adlerpartitur
The Line of Beauty
COURBET

Без названия. 1997
Холст, масло. 150 x 130

Без названия. 1997
Холст, масло. 150 х 130

Between Tragedy and Comedy (Между трагедией и комедией). 1997
Холст, масло. 150 x 130

Between Tragedy and Comedy (Между трагедией и комедией). 1997
Холст, масло. 100 x 100

Как дела у руки художника? 1997
Холст, масло. 110 x 95

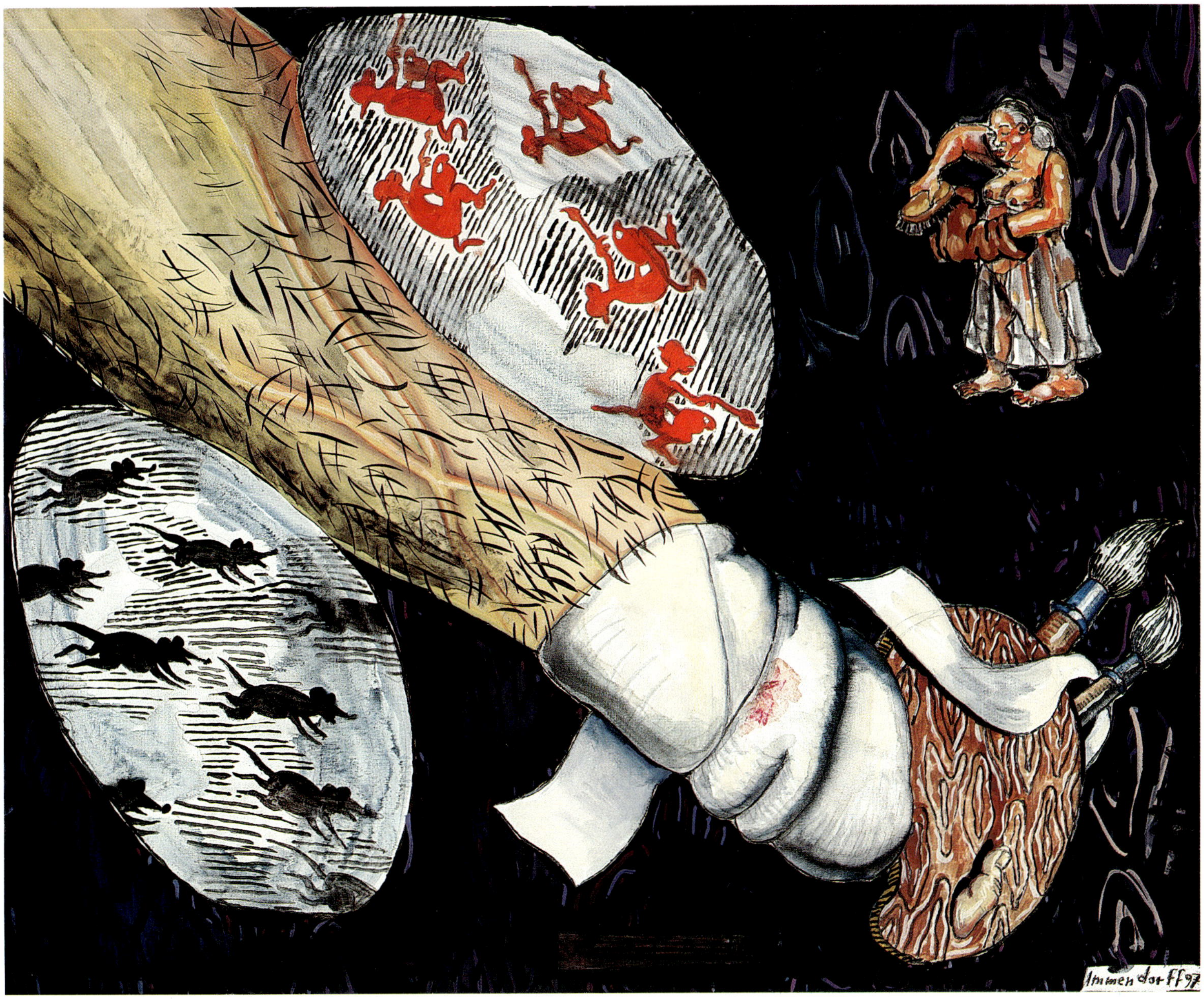

Без названия. 1997
Холст, масло. 80 x 100

letztes Selbstportrait (I)
das Bild ruft
Imme

Последний автопортрет – картина зовёт. 1998
Холст, масло. 393 x 300

Гертруда + республика. 1998
Холст, масло. 300 x 250

Мировой бег. 1998
Холст, масло. 80 x 100

Сюрреалистический
трибунал I. 1998
Холст, масло. 200 x 270

Yves Tanguy
René Crevel
DelaCroix
Max Ernst
Man Ray
Tristan Tzara
Warten auf Malraux

Исток Эльбы. 1999
Холст, масло. 120 x 100

Исток Эльбы II. 1999
Модель. Около 180 x 60 x 70

Jorg Immen
18.00 HRS

Неделя живописца. 1999
Холст, масло. 70 x 60

Без названия. 1999
Холст, масло. 100 x 100

К цирку. 1999
Холст, масло. 70 x 60

Fresko von
Domenico di Michelino
der
Berg der Läuterung
Weltenwal
male
Immendorff

С лесной молекулой миров. 1999
Холст, масло, карандаш. 100 x 80

Без названия. 1999
Холст, масло. 70 x 60

Кто скачет, кто мчится... Чёрная овца. 1999–2000
Холст, масло. 350 x 600

Immendorff

IMMENDORFF

WHITE

Als
ARTnews
ARTnews
VERSPÄTETE BES

PUTZLAPPEN
MAGDALENA BALDUS

Buy sell. 2000
Холст, масло. 100 x 80

Без названия. 2000
Холст, масло. 120 x 100

Immendorff 00

Без названия. 2000
Холст, масло. 50 x 40

100
Immendorff
99

Без названия.
1999
Холст, масло,
штемпельная краска.
100 x 80

Без названия. 2000
Холст, масло. 300 x 400

Immendorff 00

Без названия. 2000
Холст, масло. 150 x 130

Коленопреклонение. 2000
Холст, масло. 70 x 60

Immendorff 00

Без названия. 2000
Холст, масло. 150 х 130

Искусство и политика. 2000
Холст, масло. 250 х 210

7-й центр. 2000
Холст, масло. 180 x 140

Без названия. 2000
Холст, масло. 90 х 70

Без названия. 2000
Холст, масло. 160 x 200

Immendorff 00

Без названия. 2000
Холст, масло. 90 x 80

Без названия. 2001
Холст, масло. 70 x 60

Immendorff 01

KÖLN

FF94

DORFF

[AWZ EVENTS]

COURBET

IMMENDORFF
ZEICHNE
DROVE

Информация о компании „Мобильные ТелеСистемы“

Компания „Мобильные ТелеСистемы“ (МТС) является крупнейшим оператором мобильной связи на телекоммуникационном рынке Российской Федерации, отличающимся наиболее динамичным развитием. Официально МТС была учреждена в виде закрытого акционерного общества 28 октября 1993 года. Сеть стандарта GSM-900 была запущена в эксплуатацию в июле 1994 года. Летом 1994 года сеть в Москве состояла из 8 базовых станций и обслуживала 217 абонентов. В то время мобильный телефон в России еще считался люксом.

Строительство сети МТС и рост абонентской базы развивались динамично, а за последние два года наблюдается особенно бурный рост. Если в январе 2000 года услугами сети МТС пользовались 307000 абонентов, то в январе 2001 года их число превысило 1200000. Компания МТС стала первым оператором в России, число абонентов которого превысило 2 миллиона. По существующим на сегодняшний день прогнозам число абонентов сети МТС в 2001 году существенно превысит планку 2,5 миллионов. Доля МТС на рынке мобильной связи России составляет 37 %, то есть более трети всех российских пользователей сотовой связи являются абонентами МТС.

Сегодня МТС успешно решает задачу по строительству единой сети по всей России и приобретению статуса общефедерального оператора. Совместно со своими дочерними компаниями она имеет лицензии на предоставление услуг мобильной связи стандарта GSM 900/1800 в 46 регионах России, где проживают 80 миллионов человек или 56 % населения страны, и уже активно работает в 24 регионах Российской Федерации. Благодаря приобрстению компании „Телеком-XXI“ и лицензии на Северо-Западный регион у МТС появилась возможность выйти на второй по значимости рынок сотовой связи России после Москвы. Такое расширение лицензионной территории показывает развитие компании МТС и ее становление как оператора мобильной связи, действующего на территории всей страны.

Успешное развитие бизнеса и рост абонентской базы всегда были тесно связаны с расширением современной мощной сети сотовой связи стандарта GSM 900/1800. К середине августа 2001 года сеть включала более 1500 базовых станций, из которых около 1000 приходились на Москву и Московскую область, и 20 коммутаторов мобильной связи. Компания МТС, занимающая лидирующее положение по внедрению новых технологий, ввела на своей сети новые услуги на основе применения протокола WAP и технологию пакетной передачи данных GPRS, предоставив тем самым своим клиентам доступ к современнейшим услугам и технологиям.

В июне 2000 года МТС стала первой компанией, которая первой после экономического кризиса 1998 года в России вышла на международный рынок капитала и разместила свои Американские Депозитарные Акции (АДА) самого высокого, третьего, уровня на Нью-йоркской фондовой бирже. В результате первичной эмиссии акций МТС на Нью-йоркской фондовой бирже в июне 2000 года спрос на акции МТС превысил предложение в 6,5 раз, что обеспечило компании дополнительный капитал для дальнейшего развития сети.

Mobile TeleSystems GSM

Благодарим за поддержку выставки фирму Deutsche Post World Net

Deutsche Post World Net – ведущая европейская фирма, занимающаяся логистикой – одна из самых крупных в мире фирм, специализирующихся в этой области. Мы ставим перед собой задачи, определяемые глобализацией различных рынков и логистических потоков. На первом месте стоят сервис и предоставление услуг в таких сферах, как электронная и экспресс-почта, логистика и финансы. Deutsche Post World Net стремится во всем мире быть открытым партнером для своих клиентов.

Кроме того, мы используем наш энтузиазм, наши возможности и наши фирменные ноу-хау и для поддержки культурных, художественных или спортивных мероприятий. Здесь наше внимание особенно привлекают проекты, служащие распространению гуманистических ценностей и идей, стимулирующие взаимопонимание и добрососедские отношения между народами. Наряду с успешным сотрудничеством с нашими партнерами по всему миру, именно в обмене культурными ценностями мы видим возможность преодолеть разделяющие нас границы, устранить предрассудки и добиться взаимного доверия.

Поэтому мы участвуем в организации выставки произведений художника Йорга Иммендорффа в Мраморном дворце Государственного Русского музея в Санкт-Петербурге.

Как ни один другой современный художник, профессор Йорг Иммендорфф активно занимается проблемами истории и современности нашей страны. Его картины, графические работы и скульптуры – это не только хроника нашего времени. Их темы и образы помогают проникнуть в жизнь нашего общества, не приукрашивая ее. С энтузиазмом, не страшась критики, создает художник картину своей жизни, нашей родины и ее людей.

Именно в таком месте, как Санкт-Петербург, где история нашей страны самым мучительным образом связана с историей России, проведение этой выставки правильно и важно. Едва ли какое-то другое место хранит в себе так много эмоций. Мы, фирма Deutsche Post World Net, убеждены, что произведения Йорга Иммендорффа обретут и здесь – или именно здесь, – как и почти во всем мире, своих восторженных зрителей.

Deutsche Post World Net

MAIL EXPRESS LOGISTICS FINANCE

Директор Русского музея
Владимир Гусев

Научный руководитель
Евгения Петрова

Художественное оформление
Йозеф Киблицкий

Компьютерная подготовка макета
Наталия Ремизова
Перевод (нем./рус.)
Татьяна Калугина
Корректор
Татьяна Румянцева

Издатель
Йозеф Киблицкий

ISBN 3-935298-18-8 (International)
ISBN 5-93332-065-x (Россия)
ПИ № 2-4957

Государственный Русский музей представляет: Йорг Иммендорфф. Альманах. Вып. 15. СПб: Palace Editions, 2001

Internet: http://www.rusmuseum.ru
E-mail: info@rusmuseum.ru

Printed in Italy by GRAFICART–Formia (LT)
Bookbindery: Tonti (Napoli) Italy